Reguläre Ausdrücke

Reguläre Ausdrücke in JavaScript

Jörg Krause

Reguläre Ausdrücke

Reguläre Ausdrücke in JavaScript

Jörg Krause

This book is for sale at http://leanpub.com/regulreausdrcke

Diese Version wurde veröffentlicht am 2015-12-25

ISBN 978-1522921233

Leanpub

Das ist ein Leanpub-Buch. Leanpub bietet Autoren und Verlagen mit Hilfe des Lean-Publishing-Prozesses ganz neue Möglichkeiten des Publizierens. Lean Publishing bedeutet die permanente, iterative Veröffentlichung neuer Beta-Versionen eines E-Books unter der Zuhilfenahme schlanker Werkzeuge. Das Feedback der Erstleser hilft dem Autor bei der Finalisierung und der anschließenden Vermarktung des Buches. Lean Publishing unterstützt de Autor darin ein Buch zu schreiben, das auch gelesen wird.

Ebenfalls von Jörg Krause

Einführung in JavaScript 5

Einführung in node.js

JADE - Die Template-Engine für node.js

express - Middleware für node.js

Bootstrap 3

Dieses Bändchen ist für alle gedacht, die sich durch die ersten Schritte der Softwareentwicklung kämpfen oder ihr Wissen auf den aktuellen Stand bringen möchten.

Die Zukunft der Softwareentwicklung liegt im Web, in der Cloud, oder wo auch immer. In jedem Fall nicht auf einem isolierten, lokalen System. Dieses Bändchen ist Teil einer Serie von Titeln, die dabei helfen sollen, sich den Herausforderung der Webentwicklung zu stellen. Die Themen sind nicht zwingend brandneu, sondern eher zur Bildung einer thematischen Einheit gedacht.

Alle Bändchen sind ganz oder in Ausschnitten auch auf meinem Blog unter www.joergkrause.de zu finden und sind gedruckt, als E-Book (EPUB und Kindle) oder online als PDF und HTML verfügbar. Begleitende Kurse zum Thema sind bei www.IT-Visions.de buchbar.

Inhaltsverzeichnis

INHALTSVERZEICHNIS

Reguläre Ausdrücke in JavaScript

Sie finden hier eine kompakte Darstellung regulärer Ausdrücke in der Sprache JavaScript. Reguläre Ausdrücke sind Suchmuster – also Anweisungen zum Durchsuchen von Zeichenfolgen. Diese können ziemlich komplex werden, stellen jedoch gerade deshalb eine leistungsstarke Funktion dar.

JavaScript versus ECMAScript

Ich verwende hier den Begriff JavaScript. Gemeint ist damit ECMAScript, wie die Sprache offiziell heißt. Dieser Text basiert auf und nutzt in Beispielen ES5.

Zielgruppe

Reguläre Ausdrücke haben sicher die meisten Leser schon einmal gehört. Vielleicht haben Sie sich noch nicht entschieden sich damit näher zu beschäftigen, aber der Begriff klingt irgendwie interessant. Oder Sie haben gerade eine andere Skriptsprache vor sich und irgendwo im Handbuch oder dem Manual steht ein Abschnitt zu regulären Ausdrücken. Vielleicht haben Sie schon mit regulären Ausdrücken gearbeitet, diese kryptischen Zeichenkonstrukte einfach irgendwo abgeschrieben oder sogar

i

ein wenig modifiziert. Dann wird Ihnen dieses Bändchen auch die Grundlagen für die erfolgreiche Arbeit mit regulären Ausdrücken bieten.

Vielleicht sind Sie aber auch ein Webdesigner, der JavaScript als eine hervorragende Möglichkeit entdeckt hat, seine Webseiten mit dynamischen Elementen aufzuwerten. Dabei haben Sie mit Texten zu tun, die durchsucht und ersetzt werden müssen; mit Formularen, die der Nutzer auf unglaublich vielfältige Art und Weise falsch ausfüllen kann; mit Datenbankinhalten, die schnell und effizient durchsucht werden müssen. Dann wird Ihnen dieses Bändchen zeigen, was JavaScript wirklich kann.

Auf alle Fälle habe ich mich bemüht, keine Voraussetzungen an den Leser zu stellen. Sie müssen kein Informatiker sein, keine Programmiersprache perfekt beherrschen, keine höhere Mathematik kennen. Egal in welchem Zusammenhang Sie auf reguläre Ausdrücke gestoßen sind, Sie werden diesen Text lesen können.

Wenn Sie diesen Text zufällig gefunden haben und mit dem Begriff "regulärer Ausdruck" nichts anfangen können, lesen Sie es trotzdem. Sie werden eine der faszinierendsten Eigenschaften moderner Programmiersprachen kennenlernen und in Zukunft viele komplexe Probleme auf sehr einfache Weise erledigen. Ihre Programme werden kürzer und einfacher und vor allem fehlerresistenter.

Für Entwickler

Wer sich mit reguläre Ausdrücken beschäftigt programmiert in irgendeiner Programmier- oder Skriptsprache. Dieses Bändchen wendet sich an die Personen, die im weitesten Sinne mit der aktuellen Webprogrammierung zu tun haben. Fast jede Webseite basiert auf JavaScript, sodass reguläre Ausdrücke (kurz: Regex, von "regular expressions") überall zu finden sind.

Wie Sie diesen Text lesen können

Ich will Ihnen nicht vorschreiben, wie Sie diesen Text lesen sollten. Beim ersten Entwurf der Struktur habe ich mehrere Varianten ausprobiert und dabei festgestellt, dass es die ideale Form nicht gibt. Wenn ich mich an den verschiedenen Skriptsprachen orientiere, zerfällt der Text in mehrere Kapitel, die nicht im Zusammenhang miteinander stehen. Der eine oder andere Leser wird sich dann ärgern, dass er viel Geld für ein Buch ausgibt, das nur zu einem Fünftel verwendbar ist. Diese Bändchen löst das Problem, indem es auf ein sehr kleines Thema fokussiert ist und kein "bla-bla" zur Aufblähung des Umfangs dabei ist.

Da reguläre Ausdrücke das Thema sind, habe ich die Erklärung der Konstrukte auch zur Grundlage der Kapitelstruktur gemacht. Dadurch kommt es nun in den Kapiteln zu einer gewissen Redundanz. Reguläre Ausdrücke existieren nie alleine, sondern nur als Bestandteil einer Sprache. JavaScript spielt deshalb in vielen Beispielen eine Rolle.

Anfänger sollten den Text als Erzählung lesen, von der ersten bis zur letzten Seite. Wer sich schon etwas auskennt, kann die für ihn weniger interessanten Abschnitte gefahrlos überspringen. Falls Bezüge notwendig sind, habe ich entsprechende Querverweise eingefügt.

Schreibweisen

Das Thema ist satztechnisch nicht einfach zu beherrschen, denn reguläre Ausdrücke sind oft schwer lesbar und es wäre schön, wenn man die beste Leseform optisch unterstützen könnte. Ich habe deshalb oft zusätzliche Zeilenumbrüche benutzt, die der Lesbarkeit dienen, im Editor Ihrer Entwicklungsumgebung aber nichts zu suchen haben.

Generell wird jeder Programmcode mit einer nicht proportionalen Schrift gesetzt. Außerdem verfügen Skripte über Zeilennummern:

```
1  function test(d){
2    return (d != undefined);
3  }
```

Wenn Sie etwas am Prompt oder in einem Dialogfenster eingeben müssen, wird dieser Teil der Anweisung fett geschrieben:

$ npm start

Reguläre Ausdrücke sind mit allen Arten von Zeichen gespickt und in fast allen Fällen kommt es auf jedes Zeichen an. Besonders das Leerzeichen ist nicht, wie in anderen Programmiertexten, beliebig verwendbar. Sie müssen genau so viele Zeichen eingeben, wie angegeben sind. Damit Sie Leerschritte richtig erkennen, werden diese mit dem Symbol • gekennzeichnet (ein kleiner Punkt in der Mitte der Zeile):

```
1  grep -w /^\\s*(•?)+/
```

Oft werde ich die Verwendung bestimmter Zeichen in einem solchen Ausdruck genau erläutern (ich lasse Sie wirklich nicht mit solchen Zeichenschlangen allein). Dann werden die "wichtigen" Zeichen durch Zeilenumbrüchen alleingestellt und auch in diesem Fall werden Zeilennummern dazu dienen, das betroffene Symbol im Text exakt zu referenzieren (Beachten Sie das @-Zeichen in Zeile 3):

```
1    ^
2    [_a-zA-Z0-9-]+(\.[_a-zA-Z0-9-]+)*
3    @
4    [a-zA-Z0-9-]+\.([a-zA-Z]{2,3})
5    $
```

Reguläre Ausdrücke sind in den verschiedenen Sprachen von unterschiedlichen Begrenzungszeichen umgeben. Im Text werde ich die Ausdrücke nur in ihrer "nackten" Form schreiben. Um Anfang und Ende dennoch klar erkennen zu können, sind diese nicht-proportional gesetzt: [^af]*. Wird dagegen auf Beispieltexte Bezug genommen, werden diese in "Anführungszeichen" stehen.

Symbole

Um die Orientierung bei der Suche nach einer Lösung zu erleichtern, gibt es eine ganz Palette von Symbolen, die im Text genutzt werden.

Tipp

Dies ist ein Tipp

Information

Dies ist eine Information

Warnung

Dies ist eine Warnung

Über den Autor

Jörg arbeitet als Trainer, Berater und Softwareentwickler für große Unternehmen
weltweit. Bauen Sie auf die Erfahrung aus
25 Jahren Arbeit mit Web-Umgebungen und
vielen, vielen großen und kleinen Projekten.

Jörg Krause

Jörg sind vor allem solide Grundlagen
wichtig. Statt immer dem neuesten Frame-
work hinterher zu rennen wären viele Ent-
wickler besser beraten, sich eine robuste
Grundlage zu schaffen. Wer dies kompakt und schnell lernen
will ist hier richtig. Auf seiner Website www.joergkrause.de sind
viele weitere Informationen zu finden.

Jörg hat über 40 Titel bei renommierten Fachverlagen in
Deutsch und Englisch verfasst, darunter einige Bestseller.

Persönliche Beratung

Wenn Sie für Ihr Unternehmen eine professionelle Bera-
tung zu Web-Themen oder eine Weiterbildungsveranstal-
tung für Softwareentwickler planen, kontaktieren Sie Jörg
über http://www.joergkrause.de oder buchen Sie direkt
über http://www.IT-Visions.de.

www.IT-Visions.de®
Dr. Holger Schwichtenberg

1. Einführung in Reguläre Ausdrücke

Um ein Gefühl für reguläre Ausdrücke zu bekommen, will ich Ihnen gleich ein Beispiel präsentieren, dass sicher bereits tausendfach zur Anwendung gekommen ist. Bei der Eingabe von Kundendaten wird oft die E-Mail-Adresse verlangt. Um Fehleingaben zu vermeiden, wäre eine Prüfung der Adresse auf korrekte Schreibweise sinnvoll. Eine Möglichkeit ist die Zerlegung der Adresse in ihre Bestandteile (vor und hinter dem @-Zeichen), die Analyse der Punkte und die Berechnung der Länge der Zeichen nach dem Punkt (dort steht die Toplevel_Domain). Das ist mit ein paar Schleifen und Abfragen sicher gut zu erledigen. Oder mit einem regulären Ausdruck:

```
^[_a-zA-Z0-9-]+(\.[_a-zA-Z0-9-]+)* @ [a-zA-Z0-9-]+\.([a-zA-Z]{2,3})$
```

Alles klar? Sicher kann niemand, der zum ersten Mal mit regulären Ausdrücken in Berührung kommt, diesen Ausdruck sofort lesen.

Der Sinn eines solchen Musters ist die Erkennung in einem Text. Reguläre Ausdrücke dienen als Vergleichsmuster für Zeichenketten. Der gesamte Ausdruck, verpackt in eine Skript- oder Programmiersprache, gibt dann `true` oder `false` zurück, je nachdem, ob das Muster gefunden wurde oder nicht. In der Praxis sind solche Konstrukte also immer in einem bestimmten Kontext zu sehen. In JavaScript würden Sie dies so anwenden:

1

```
1  var email = "joerg@krause.net";
2
3  console.log(check(email));
4
5  function check(email) {
6    if (email.match(/^[_a-zA-Z0-9-]+(\.[_a-zA-Z0-9-]+)*@[a-zA\
7  -Z0-9-]+\.([a-zA-Z]{2,3})$/)) {
8      return true;
9    } else {
10     return false;
11   }
12 }
```

Hier wird der Ausdruck in die bei JavaScript typischen Begrenzungszeichen /Ausdruck/ eingebaut und der Vergleich erfolgt mit der Funktion match. Beachten Sie, dass dies ein Literal in JavaScript ist – nicht eine Zeichenkette.

Die Testumgebung

Nutzen Sie eine Online-Konsole für die ersten Schritte. Sehr einfach und praktisch ist beispielsweise Repl.It[1].

---

[1]https://repl.it/languages/JavaScript

Musterskript in der Umgebung Repl.It

REPL

Der Begriff REPL steht für Read-Eval-Print-Loop,
eine Methode mit einer Skriptsprache interaktiv
zu arbeiten. Mehr dazu finden Sie auf Wikipedia[2].

1.1 Kopieren oder Konstruieren?

Im Kapitel "Musterausdrücke" gehe ich umfangreich auf prakti-
sche Ausdrücke ein. Der Umfang ist so gewählt, dass Sie nicht
nur trickreiche Ausdrücke kennenlernen, sondern auch das eine
oder andere Problem durch simples Abschreiben lösen können.
Weil das ungewöhnliche Fehlerquellen birgt können Sie sich auf
der Website zum Bändchen alle Beispiele herunterkopieren.

Website

Besuchen Sie die Website zum Text[3].

Wenn Sie professionell mit JavaScript arbeiten, sollten Sie

---

[2]https://en.wikipedia.org/wiki/Read%E2%80%93eval%E2%80%93print_loop
[3]http://www.joergkrause.de/?p=219

dennoch versuchen, die Ausdrücke vollständig zu verstehen und gelegentlich selbst welche zu erstellen.

1.2 Und wie funktioniert das?

Sicher sind Sie nun neugierig, wie der reguläre Ausdruck im letzten Beispiel funktioniert.

Wenn Sie Ausdrücke dieser Art analysieren, sollten Sie zuerst die Sonderzeichen erkennen und extrahieren. Die folgenden Sonderzeichen werden hier verwendet: ^, $, +, *, ?, [], (). Alle anderen Zeichen haben in diesem Zusammenhang keine besondere Bedeutung (das sind nicht sehr viele). Hier eine Übersicht über die Bedeutung:

- ^ legt den Suchbegriff an den Anfang des Musters. Wenn Sie ^x schreiben, wird das x also nur am Anfang der Zeichenkette gefunden werden.
- $ steht für die Platzierung am Ende des Suchbegriffs.
- * bezeichnet kein oder eine beliebige Anzahl von Zeichen, wobei es sich immer auf das Zeichen davor bezieht.
- + steht für mindestens ein oder beliebig viele Zeichen.
- ? dagegen bezeichnet kein oder genau ein Zeichen.
- [a-z] definiert ein Zeichen aus einer Zeichengruppe. Im Beispiel dürfen alle Kleinbuchstaben auftreten (keine Ziffern, aber auch keine Großbuchstaben).
- ( ) gruppiert Zeichen oder Zeichenfolgen. Die Mengenoperatoren wie * oder + können auch auf Gruppen angewendet werden.
- { } markieren freie Wiederholungsdefinitionen.

- \ (Backslash) markiert Metazeichen oder maskiert die Sonderzeichen, so dass sie ihre Symbolik verlieren. Der Punkt . steht für genau ein beliebiges Zeichen (wird hier nicht verwendet), mit \. ist aber tatsächlich der Punkt gemeint (der wird hier benötigt).

Jetzt können Sie den Ausdruck schon gut zerlegen. Das @ steht offensichtlich für sich selbst, der Ausdruck besteht also aus zwei Teilen, einer vor und einer nach dem @:

```
1   ^[_a-zA-Z0-9-]+(\.[_a-zA-Z0-9-]+)*
2   [a-zA-Z0-9-]+\.([a-zA-Z]{2,3})$
```

Der erste Teil steht vor dem @-Zeichen und muss mindestens ein Zeichen enthalten. Die erste Zeichengruppe [_a-zA-Z0-9-] definiert die zulässigen Zeichen und erzwingt mit dem + mindestens ein Zeichen. E-Mail-Namen dürfen aber auch Punkte enthalten, nur nicht an erster Stelle. Der Ausdruck kann also auch mit einem Punkt, gefolgt von weiteren Zeichen, fortgesetzt werden. (\.[_a-zA-Z0-9-]+) definiert solche Folgen aus einem Punkt und wiederum beliebig vielen (aber mindestens einem) Zeichen. Die ganze so definierte Gruppe (erkennbar an den runden Klammern) ist optional (0-mal) oder beliebig oft zu verwenden. Der zweite Teil besteht aus Zeichenfolgen (diesmal ohne den Unterstrich, der ist in Domainnamen nicht erlaubt). Dann muss ein Punkt folgen (deshalb folgt kein Mengenoperator), die Toplevel-Domain besteht aus Buchstaben und kann nur zwei oder drei Zeichen lang sein.

1.3 Auflösungshilfen

Der Ausdruck mag Ihnen unheimlich erscheinen, aber ist keineswegs perfekt (es gibt zulässige Fälle, die hier durchs Raster fallen). Er ist vor allem aber in dieser Form schwer erklärbar. Da noch größere Herausforderungen vor Ihnen liegen, möchte ich eine andere Form der Darstellung wählen:

```
1    ^                           // Beginn am Zeichenkettenanfang
2      [_a-zA-Z0-9-]             // Zeichengruppe definieren
3      +                         // Ein- oder mehrfach
4      (                         // Gruppe 1
5         \.                     // Ein "echter" Punkt
6           [_a-zA-Z0-9-]        // Zeichengruppe
7           +                    // Ein- oder mehrfach
8      )                         // /* Ende Gruppe 1 */
9      *                         // Gruppe null- oder mehrfach
10     @                         // ein @-Zeichen
11     [a-zA-Z0-9-]              // Zeichendefinition
12     +                         // Ein- oder mehrfach
13     \.                        // ein "echter" Punkt
14     (                         // Gruppe 2
15        [a-zA-Z]               // Zeichendefinition
16        {2,3}                  // Zwei oder drei Zeichen
17     )                         // /* Ende Gruppe 2 */
18   $                           // Ende der Zeichenkette
```

Das war doch schon leichter lesbar. Leider können Sie das so in JavaScript nicht schreiben. Ich werden diese Form deshalb nur verwenden, um besonders verzwickte Ausdrücke aufzulösen. Wenn Sie mit einem Ausdruck nicht zurecht kommen, den ich im Buch verwende und nicht ausreichend erkläre, versuchen Sie diesen Ausdruck so aufzulösen.

2. Muster erkennen

In diesem Kapitel werden die grundlegenden Techniken anhand besonders einfacher Beispiel gezeigt. Dies genügt noch keinen praktischen Anforderungen, eignet sich aber gut als Grundlage eigener Experimente.

2.1 Grundlagen

Was passiert bei Auswerten eines Ausdrucks wirklich? Praktisch geht es immer darum, einen Text innerhalb eines umfangreicheren Textes zu suchen (Zeichenkette, Datei, Datenbank). Das ist aber nicht der eigentliche Anwendungsfall, denn so etwas erledigen Funktionen wie search (Suche einer Zeichenkette in einer anderen) effizienter. Reguläre Ausdrücke definieren Eigenschaften eines Suchtextes. Damit kann das Muster nicht nur auf einen bestimmten Suchtext passen, sondern auf eine ganze Reihe von Varianten. Suchen sowie Suchen und Ersetzen gewinnen so eine ganz andere Bedeutung.

 Das Muster

Reguläre Ausdrücke erkennen Zeichenfolgen in Texten anhand eines Musters.

Beim Suchen wird der reguläre Ausdruck genutzt, um eine Übereinstimmung festzustellen. Im Kontext einer Skriptsprache gibt der vollständige Ausdruck true oder false zurück. Da solche Vorgänge umfangreich sein können, werden manche reguläre

Ausdrücke auch in Gruppen zerlegt. Dann gibt die Funktion auch die gefundenen Teile zurück. Diese wiederum können in weiteren Teilen desselben Ausdrucks oder später im Programm erneut verwendet werden. Auf diese sogenannten Referenzen gehe ich später detailliert ein.

Um die Darstellungen in diesem Buch möglichst kompakt zu halten, werde ich im folgenden Abschnitt einige Begriffe einführen, die immer wieder benötigt werden. Wenn Sie im Umgang mit diesen Begriffen vertraut sind, können Sie den Abschnitt überspringen.

Zeichen, Zeilen und Texte

Es wurden bereits Begriffe wie Zeichen, Zeile und Text verwendet. Wichtig ist das Verständnis des Begriffs Zeile. Zeilen enden mit einem Zeilenumbruch (da wo Sie in der Textverarbeitung oder im Editor Enter drücken). Viele Begrenzungszeichen reagieren auf Zeilenbegrenzungen. Dateien werden häufig auch zeilenweise eingelesen. Bei der Definition von Ausdrücken müssen Sie also darauf in spezieller Weise reagieren, sonst werden Muster, die Zeilengrenzen überschreiten sollen, nicht erkannt.

Zeilenumbrüche

Haben Sie Texte, die keine Zeilenumbrüche enthalten, können Sie mit den Metazeichen für Zeilenende oder Zeilenanfang nichts anfangen.

2.2 Begriffe für reguläre Ausdrücke

In diesem Abschnitt werden einige weitere Begriffe eingeführt.

Metazeichen

Innerhalb eines regulären Ausdrucks können bestimmte Zustände in einer besonderen Weise gekennzeichnet werden. So wird der Beginn einer Zeichenkette mit ^ gekennzeichnet, das Ende dagegen mit $. ^ und $ sind also Metazeichen. Wenn Sie Metazeichen dagegen suchen möchten, müssen Sie ein Backslash davor stellen:

- \$, \^: Der Backslash hebt die besondere Wirkung des Metazeichens auf. Auch der Backslash selbst ist ein Metazeichen. Um danach zu suchen, schreiben Sie: \\.

Alle Metazeichen werden noch genau erklärt.

Literale

In JavaScript können Sie reguläre Ausdrücke in Literale schreiben. Solche Ausdrücke sind Teil der Sprache und müssen nicht aus Zeichenketten extrahiert werden. Das Literal ist der Schrägstrich /:

```
/[abc]/
```

Sie können dies als Argument in Funktionen nutzen oder einer Variablen zuweisen. Sie können auch Funktionen darauf anwenden:

```
1  var patt = /abc/;
2  var s = /abc/.toString();
3  console.log(s);
```

Zeichenklassen

Wenn Sie nach Zeichenfolgen oder Zeichen suchen, ist es oft effizienter, eine Zeichenklasse anzugeben. Zeichenklassen werden mit eckigen Klammern [abc] markiert, Dabei steht die gesamte Definition für **ein** Zeichen. Ein Wiederholungsoperator gibt an, ob und wie oft das Zeichen oder ein Zeichen aus der Klasse auftreten darf.

Zeichenklassendefinitionen werden durch Auflistung von zulässigen Zeichen gebildet, wobei auch Gruppen zulässig sind.

Referenzen

Teile regulärer Ausdrücke werden in temporären Speicherstellen abgelegt. Auf diese können Sie sich später im Ausdruck beziehen. Dadurch sind sehr komplexe Wiederholungen leicht zu realisieren. Referenzen nutzen den Backslash und eine Referenznummer (\4).

2.3 Metazeichen

Hier nun eine Übersicht über die Benutzung der Metazeichen.

Anfang, Ende und Grenzen

Die wichtigsten beiden Metazeichen kennen Sie schon aus den Grundlagen:

- ^ markiert den Beginn der Zeichenkette
- $ bezeichnet dagegen das Ende
- \b steht für eine Wortgrenze ohne Inanspruchname eines Zeichens
- \B steht für keine Wortgrenze ohne Inanspruchname eines Zeichens

Wie ist das zu verstehen? Wenn Sie nach dem Wort "Auto" suchen, dann muss das "A" am Anfang stehen, das "o" dagegen am Ende. Sie würden einen solchen Ausdruck also ^Auto$ schreiben. Darf das Wort "Auto" dagegen irgendwo im durchsuchten Text auftreten, setzen Sie die Metazeichen ^ und $ nicht.

```
1  var patt = /^Auto$/;
2  console.log(patt.test("Auto"));
3  console.log(patt.test("Automatik"));
4
5  var patt2 = /Auto/;
6  console.log(patt.test("Da ist unser Auto, ein VW."));
```

Abbildung: Ausgabe des Skripts

Das Ende ist meist das Ende der Zeile. Dies gilt nicht, wenn in umgebenden Schaltern andere Bedingungen eingestellt werden. Darauf gehe ich in Kapitel 3 ein.

Wortgrenzen sind Übergänge zu einem Wort. Als Wortgrenze zählt ein Leerzeichen, Komma, Punkt usw. Das spezielle Symbol \b reagiert darauf, beschreibt jedoch keine Zeichenstelle, sondern quasi den "Bereich" zwischen dem Leerzeichen und dem ersten Wortzeichen.

/\bko erkennt "ko" in dem Satz "Das ist kompliziert.". Das Leerzeichen vor dem "ko..." erzeugt die Wortgrenze.

Ein beliebiges Zeichen

Oft wird an einer bestimmten Stelle ein Zeichen erwartet, egal um welches es sich handelt. Es wäre mühevoll, immer mit dem gesamten Zeichenvorrat zu operieren, deshalb gibt es ein spezielles Metazeichen dafür:

- . steht für genau ein beliebiges Zeichen

Sie könnten nun "Auto" in verschiedenen Kontexten suchen und dazu so vorgehen:

- .uto findet "Spielzeugauto", "Auto", "Automatik" usw., aber auch "Distributor" (was sicher nicht immer erwünscht ist).

```
1  var patt = /.uto/;
2  console.log(patt.test("Auto"));
3  console.log(patt.test("Automatik"));
4  console.log(patt.test("Distributor"));
```

Abbildung: Ausgabe des Skripts

Ohne Zeichen

Angenommen Sie suchen leere Zeilen in einer Datei, dann sollte der folgende Ausdruck dies erledigen:

    ^$

So einfach? Sicher, die Zeile hat einen Anfang (den hat jede Zeile), der mit ^ erkannt wird, dem Anfang folgt unmittelbar das Ende $, dazwischen ist nichts, also muss die Zeile leer sein.

Sinnlos ist dagegen ein einzelnes ^ als Suchmuster. Dies markiert einen Zeilenanfang, diese Bedingung trifft aber auf jede Zeile zu.

2.4 Zeichenklassen

Zeichenklassen definieren Gruppen von Zeichen.

Einer aus vielen

Zeichenklassen werden durch eckige Klammern markiert. Ohne weitere Metazeichen oder Wiederholungsoperatoren wird nur **ein** Zeichen aus der definierten Klasse erkannt. Zeichenklassen können durch bloßes Aufzählen oder durch Gruppenbildung definiert werden, letzteres durch das Minuszeichen:

- `[aeiou]` definiert einen Vokal
- `[a-f]` definiert die Buchstaben a, b, c, d, e, f (als Kleinbuchstaben)
- `[a-fA-F0-9]` definiert zulässige Zeichen für Hexadezimalziffern

Die Reihenfolge spielt nur bei Gruppen ein Rolle. Ansonsten ist `[a-fA-F]` und `[A-Fa-f]` identisch.

```
1  var patt = /[a-f]+/;
2  console.log(patt.test("Auto"));
3  console.log(patt.test("42"));
4  console.log(patt.test("12 Tage"));
5  console.log(patt.test("borgen"));
```

Abbildung: Ausgabe des Skripts

Negation

Die gesamte Definition kann negiert werden, wenn am Anfang
das Zeichen ^ gestellt wird. Sie sehen richtig, das Zirkumflex hat
in der Zeichenklassendefinition eine andere Bedeutung (ist auch
ein anderer Kontext). Das macht reguläre Ausdrücke so tückisch,
aber auch so spannend.

- [^0-9] Alles außer Ziffern (also auch Zeichen wie "#", "*"
  oder "%")
- [^aeiou] ist eine primitive Form der Definition von Kon-
  sonanten.

Diese besondere Bedeutung hat das ^ allerdings nur, wenn
es unmittelbar der öffnenden Klammer folgt. Die folgende Form
entspricht lediglich ein paar speziellen Zeichen:

- [!"§$%^&/()=] erkennt Zeichen, die auf der PC-Tastatur
  auf den Zifferntasten liegen.

Ziffern

Häufig wird nach Ziffern gesucht. Diese können mit oder ohne
Vorzeichen und Dezimalpunkt oder -komma geschrieben werden. Folgende Definitionen bieten sich dazu an:

- [0-7] Ziffern der Oktalzahlen
- [0-9+-,] Dezimalzahlen mit Komma und Vorzeichen
- [a-fA-F0-9] Hexadezimalziffern

Datum und Zeit

Für Datums- und Zeitangaben wären folgende Definitionen möglich:

- [0-9.] Datum
- [0-9:] Zeit
- [0-9:amp] Englische Zeitangaben mit "am" oder "pm".

Das letzte Beispiel zeigt, das diese Klasse nicht so sinnvoll ist, denn theoretisch wären auch Zeitangaben wie "a9" oder "p0m" zulässig.

```
1  var patt = /[0-9:amp]/;
2  console.log(patt.test("12am"));
3  console.log(patt.test("4:17"));
```

Abbildung: Ausgabe des Skripts

Zeichenketten

Bei Zeichenketten kann man mit Zeichenklassen gezielt auf Groß- und Kleinschreibung reagieren:

- [gG]rün, [rR]ot

Wenn die Schreibweise eines Namens nicht eindeutig ist, kann man darauf folgendermaßen reagieren:

- M[ae][iy]er Dieser Ausdruck passt auf Meyer, Mayer, Maier und Meier.

2.5 Abkürzungen

Die folgende Tabelle gibt eine Überblick über die unterstützten Metazeichen:

Tabelle: Abkürzung durch Metazeichen

Abkürzung	Beschreibung
\t	Tabulatorzeichen
\n	Newline (Neue Zeile)
\r	Return (Wagenrücklauf)
\f	Formfeed (Seitenvorschub)
\v	Vertikaler Tabulator
\s	White-Space (eines der im Druck nicht sichtbaren Zeichen, also \t, Leerzeichen, \n, \r, \f)
S	Negation von \s
\w	Wortzeichen (Zeichen, aus denen Wörter bestehen, konkret [_a-zA-Z0-9]
W	Die Negation von \w
\d	Ziffer (engl. digit), entspricht [0-9]
D	Negation von \d
\b	Wortgrenze, als Anfang oder Ende eines Wortes zählen alle Zeichen, die nicht zur Abkürzung \w gehören.
B	Negation der Anweisung \b
\0	Null-Zeichen (physische 0)

Tabelle: Abkürzung durch Metazeichen

Abkürzung	Beschreibung
\xxx	Zeichenwert, dargestellt durch eine oktale Zahl
\xdd	Zeichenwert in der hexadezimalen Form
\uxxxx	Unicode-Zeichen in hexadezimaler Schreibweise
\cxxx	Steuerzeichen, ASCII-Wert

2.6 Wiederholungsoperatoren

Die bisher gezeigten Definitionen sind immer auf ein Zeichen bezogen. Wichtiger ist dagegen die Auswahl einer bestimmten Anzahl Zeichen. Dazu werden Wiederholungsoperatoren eingesetzt. Einige spezielle will ich wegen der besonderen Häufigkeit in regulären Ausdrücken zuerst zeigen. Eine allgemeinere Definition folgt danach.

- a* definiert kein oder eine beliebige Anzahl von "a", also "", "aaaa" usw.
- a+ definiert ein oder eine beliebige Anzahl von "a", also "a", "aa" usw.
- a? definiert kein oder ein "a", also "" oder "a" usw.

Allgemeine Wiederholungsoperatoren

Neben der allgemeinen Aussage, ob Zeichen erlaubt sind oder nicht, wird in vielen Fällen eine bestimmte Anzahl erwartet. Dazu wird hinter das Zeichen, die Zeichenklassendefinition oder die Zeichengruppe folgender Ausdruck gesetzt:

- {min, max} Dabei bezeichnet *min* die minimale Anzahl
  Zeichen, die erforderlich sind, *max* dagegen die maximale
  Anzahl.
- {wert} Der Ausdruck muss genau die angegebene Anzahl
  Zeichen haben. Dieser Ausdruck hat folgende Eigenschaften:
- {,max} Die minimale Angabe kann entfallen.
- {min,} Die maximale Angabe kann entfallen.
- {,} beide Angaben entfallen (siehe nächster Absatz).

Die bereits gezeigten Metazeichen kann man mit dem allgemeinen Wiederholungsoperator auch darstellen. Das ist logisch,
denn die Zeichen *, + und ? sind nur Abkürzungen der folgenden
Ausdrücke:

- {,} entspricht *
- {0,1} entspricht ?
- {1,} entspricht +

Wiederholungsoperatoren eignen sich hervorragend zur Be-
stimmung korrekter Längen bei Eingabewerten. Angenommen
Sie haben ein Formular mit einem Feld "postleitzahl":

```
1  <form>
2    <input type="text" name="postleitzahl" value="">
3    <input type="submit">
4  </form>
```

Dann wäre folgender Ausdruck geeignet:

```
1  <script>
2  var re = /^[0-9]{5}$/;
3  var feld = "12683";
4  var checkplz = re.exec(feld);
5  if(!checkplz) {
6    alert("Die Postleitzahl " + checkplz + " ist nicht korrek\
7  t.");
8  } else {
9      console.log(checkplz)
10  }
11  </script>
```

Abbildung: Ausgabe des Skripts

Auf einen Blick

Tabelle: Wiederholungsoperatoren

Operator	Bedeutung	Beschreibung
?	0 – 1	Kein oder ein Zeichen
*	0 – ∞	Kein oder beliebig viele Zeichen
+	1 – ∞	Mindestens ein oder beliebig viele Zeichen
{zahl}	Zahl	Genau zahl Zeichen
{min,}	Min – ∞	Mindestens min Zeichen
{,max}	0 – Max	Kein oder maximal max Zeichen
{min, max}	Min – Max	Minimal min bis maximal max Zeichen

2.7 Referenzen

Die bisherigen Elemente sollten keine großen Probleme bereitet haben. Für komplexere Auswertungen sind Kombinationen aus Metazeichen und Zeichenklassen nicht ausreichend flexibel. Auf Schleifen zum Durchsuchen von längeren Zeichenketten mit Wortwiederholungen könnten Sie noch nicht verzichten.

Solche Wiederholungen werden in regulären Ausdrücken durch Referenzen erreicht. Praktisch wird damit durch ein besonderes Metazeichen \1, \2 usw., auf vorher markierte Teile verwiesen. Die Markierung selbst erfolgt durch runde Klammern (...).

Besondere Probleme bereitet dabei immer wieder die Zählung der Klammern, besonders wenn alle Arten von Klammern vielfältig verschachtelt werden. Der Regex-Compiler geht dabei ganz pragmatisch vor. Es werden nur die öffnenden (linken) Klammern durchlaufend gezählt. Die erste öffnende Klammer wird also dem Metazeichen \1 zugewiesen, die zweite \2 usw. Die meisten Umgebungen erlauben bis zu neun Referenzen, einige Implementierungen (wie die von JavaScript) aber auch bis zu 99.

Vorsicht mit Referenzen

Innerhalb von Zeichenklassendefinitionen sind Referenzen nicht erlaubt, denn hier hat der Backslash keine besondere Bedeutung und die Auswertung dieser Teile des Ausdrucks erfolgt vor der Auswertung des gesamten Ausdrucks.

2.8 Gruppierungen

Die Gruppierung alleine kann auch benutzt werden, um die Wiederholungsoperatoren auf mehrere zusammenhängende Zeichen anzuwenden. Die Referenz ist dann quasi ein Nebeneffekt, auf den man Bezug nehmen kann oder nicht.

Einfache Gruppen

Wenn Sie eine bestimmte Zeichenfolge wiederholen möchten, genügt der Einsatz der Gruppierung:

- (ab)+ findet Treffer in "abc", "abcabc" usw, aber nicht "aacbb"

```
1  var patt = /(ab)+/;
2  console.log(patt.test("abc"));
3  console.log(patt.test("abcabc"));
4  console.log(patt.test("aacbb"));
```

Abbildung: Ausgabe des Skripts

Umschließende Zeichen

Eine gute Anwendung ist die Suche nach Ausdrücken, die mit einem Zeichen umschlossen sind. Das kommt in Programmtexten häufig vor. Der folgende Ausdruck sucht Worte heraus, die in Anführungszeichen stehen, dabei soll folgende Regel gelten:

- "Wort Wort Wort" wird gefunden
- "Wort Wort Wort' wird nicht gefunden
- 'Wort Wort Wort' wird gefunden

Eine mögliche Lösung wäre:

```
/^(["']){1}.*\1$/
```

Wie funktioniert das? Am Anfang der Zeichenkette ^ steht ein " oder ein ' ["']. Diese Zeichenklasse darf nur einmal auftreten {1}. Dann können beliebig viele Zeichen .* folgen, bis am Ende $ wieder das Anführungszeichen vom Anfang steht \1. Ohne Referenzen wäre das kaum lösbar.

```
1  var patt = /^(["']){1}.*\1$/;
2  console.log(patt.test("\"Wort Wort Wort\""));
3  console.log(patt.test("\"Wort Wort Wort\'"));
4  console.log(patt.test("\'Wort Wort Wort\'"));
```

Abbildung: Ausgabe des Skripts

Das folgende Beispiel sucht einfach doppelte Wörter im Text:

```
/\b((\w+)\s+\2)+/
```

Der Ausdruck beginnt mit einer Wortgrenze \b, dann folgt der sich insgesamt wiederholende Ausdruck ((..)..)+. Der Inhalt ist getrennt zu betrachten. Die Folge (\w+)\s+ erkennt Wörter, die durch Leerräume getrennt sind. Dabei darf ein Whitespace nur auf ein ganzes Wort folgen. Damit das doppelte Wort erkannt wird, nimmt der Ausdruck Bezug auf die Wortdefinition. Diese befindet sich in der zweiten öffnenden Klammer, also wird \2 verwendet.

```
1    var patt = /\b((\w+)\s+\2)+/;
2    console.log(patt.test("Script Script ist doppelt"));
```

2.9 Vorwärtsreferenzen

Es kommt vor, dass Ausdrücke nur dann erkannt werden sollen, wenn bestimmte Zeichen davor oder danach erscheinen. Diese Zeichen davor oder danach sind jedoch selbst nicht von Interesse. Der Ausdruck wird also etwas um die Suchstelle "herum" suchen. Sie erreichen dies mit den folgenden Kombinationen:

- ?= Prüft die Zeichenkette, wenn die nachfolgende passt
- ?! Prüft die Zeichenkette, wenn die nachfolgende nicht passt

```
1    var patt = /(\d{1,3})(?=d)/;
2    var text = "Dauer: 16d";
3    var test = patt.exec(text);
4    console.log("Tage: " + test[0]);
```

Abbildung: Ausgabe des Skripts

In diesem Beispiel werden ein- bis dreistellige Zahlen nur erkannt, wenn ein "d" folgt.

LookAhead und LookBehind

Diese Referenzen heißen "lookahead". Es gibt in vielen
Sprachen auch ein Zurückschauen, das "lookbehind". Dies
wird in JavaScript aber nicht unterstützt.

3. Die JavaScript-Funktionen

Javascript stellt ein Objekt RegExp bereit. Das Objekt entsteht entweder durch den new-Operator oder das //-Literal. Außerdem kennen einige Zeichenkettenfunktionen reguläre Ausdrücke.

3.1 Das RegExp-Objekt

Zuerst finden Sie hier eine systematische Übersicht. Danach folgen entsprechende Beispiele.

Methoden

Folgende Methoden sind benutzbar:

- exec(): Ausführen des Tests und Rückgabe des ersten Treffers
- test(): Ausführen des Tests und Ausgabe von true oder false
- toString(): Der Ausdruck in Textform

Neben den Methoden des RegExp-Objekts können auch viele andere Funktionen in JavaScript mit Ausdrücken umgehen, unter anderem die String-Funktionen.

Die Methode exec gibt ein Objekt zurück, dass folgendes enthält:

- Ein Array mit den Gruppen:
  - Bei einer Gruppe steht der erste Treffer in [0]
  - Bei Gruppen folgen diese in den Arrayelemente [1] .. [n]
- Die Eigenschaft index enthält die Position des Treffers in der Zeichenkette. Der Wert ist 0-basiert.
- Die Eigenschaft input enthält die ursprüngliche Zeichenkette

Neben den Angaben, die als Ergebnis zurückgegegen werden, enthält auch das ursprüngliche RegExp-Objekt weitere Informationen. Dazu gehört auch die Fähigkeit, durch weitere Elemente der Trefferliste zu iterieren.

 Die Option g

Wenn Sie mit mehreren Treffern rechnen, sollten Sie die Option "g" benutzt, um anzuzeigen, dass *global* gesucht werden soll.

Das folgende Script enthält einen sehr einfachen Ausdruck. Dafür führt er zu mehreren Treffern. Das sukzessive Aufrufen desselben Ausdrucks setzt intern einen Zeiger weiter, sodass die do-Schleife alle Treffer durchläuft.

```
1   var text = "Da sucht man alle Angaben von a ";
2   var patt = /a/g;
3   var match = patt.exec(text);
4   console.log(match[0] + " gefunden bei Pos. " + match.index);
5
6   match = patt.exec(text);
7   do {
8       match = patt.exec(text);
9       if (!match) break;
10      console.log(match[0] +
11                      " gefunden bei Pos. " + match.index);
12  } while(true);
```

Die Ausgabe sieht nun folgendermaßen aus:

Abbildung: Ausgabe des Skripts

Eigenschaften

Einige Eigenschaften helfen dabei, mit den Informationen aus dem Ausdruck flexibel umgehen zu können:

- constructor: Funktion, die das RegExp-Objekt erzeugt
- global: Prüft, ob die Option "g" gesetzt wurde (Boolean)
- ignoreCase: Prüft, ob die Option "i" gesetzt wurde (Boolean)
- lastIndex: Zeigt an, welchen Index der nächste Treffer hat
- multiline: Prüft, ob die Option "m" gesetzt wurde

- source: Der Text des Prüfmusters

Hier folgt ein Skript, da zeigt, wie der interne Zeiger weiter-läuft:

```
1   var text = "Da sucht man alle Angaben von a ";
2   var patt = /a/g;
3   var match = patt.exec(text);
4   console.log(match[0] + " gefunden bei Pos. " + match.index);
5
6   match = patt.exec(text);
7   do {
8       match = patt.exec(text);
9       if (!match) break;
10      console.log(match[0] + " gefunden bei Pos. " + match.in\
11  dex);
12      console.log( "Suche Weiter bei Pos. " + patt.lastIndex);
13  } while(true);
```

Die Ausgabe sieht nun folgendermaßen aus:

Abbildung: Ausgabe des Skripts

Dynamische Eigenschaften

Gruppen, die in einem Ausdruck definiert werden, stehen als dynamische Eigenschaften des Objekts RegExp zur Verfügung.

Die Namen lauten \$1 bis \$9, wobei jede öffnende Klammer zählt. Sie können die Zählung einer Klammer unterdrücken, indem Sie diese (? :) schreiben (der Doppelpunkt modifiziert das Verhalten).

```
1  var patt = /(abc)|(def)/;
2  var text = "anton def";
3  console.log(patt.test(text));
4  console.log(RegExp.$1);
```

Die zweite Zeile gibt den Inhalt der Klammer zurück, die im Suchmuster gefunden wurde, hier also den Wert "def".

Literalschreibweise direkt nutzen

Am einfachsten ist die Nutzung der Literal-Schreibweise:

```
1  var patt = /web/i;
2  patt.test("Besuche unsere Web-Kurse!");
```

Dieser Ausdruck gibt true zurück. Würde das i am Ende entfallen, entsteht false.

Die Methoden lassen sich auch direkt ans Literal anbinden. Hier ein Beispiel für exec:

```
1  /web/i.exec("Besuche unsere Web-Kurse!");
```

Zurückgegeben wird nun ein Objekt mit dem Treffer "Web" an Position 0, der Trefferstelle in der Eigenschaft index, hier der Wert 15 und dem Suchtext in der Eigenschaft input. Wird nichts gefunden, gibt die Methode exec den Wert null zurück.

Wollen Sie das Objekt direkt anlegen, sieht das folgendermaßen aus:

```
1    var patt = new RegExp("pattern");
```

Umgang mit Literalen

Sie können hier //-Zeichen benutzen, aber auch eine reguläre Zeichenkette einsetzen.

Verarbeitungsoptionen

Einige Optionen werden nicht als Teil des Ausdrucks, sondern als Option der ausführenden Methode übergeben. In JavaScript stehen diese Optionen am Ende des Ausdrucks nach dem schließenden /-Zeichen:

```
var pattern = /[A-Z]/i
```

Unterstützt werden folgende Optionen:

- i: Groß- und Kleinschreibung wird nicht berücksichtigt
- g: Der Ausdruck wird vollständig (global) durchsucht, auch wenn bereits eine Fundstelle erkannt wurde
- m: Der Ausdruck durchsucht mehrzeilig (sonst wird am Ende der Zeile gestoppt)

3.2 Zeichenkettenfunktionen

Es folgen einige Beispiele, die die Syntax in JavaScript näher erläutern. Sie zeigen, dass reguläre Ausdrücke auch in anderen Funktionen einsetzbar sind.

Übersicht

Reguläre Ausdrücke lassen sich indirekt über Zeichenkettenfunktionen nutzen. Zur Verfügung stehen folgende Funktionen:

- search
- replace
- match
- split

```
1  var str = "Besuche unsere Web-Kurse";
2  var res = str.search(/Web/i);
3  console.log(res);
```

Die Variable *res* enthält den Wert 15. Es wird also der Index des Treffers angezeigt. Wird kein Treffer gefunden, wird -1 zurückgegeben.

Wird statt des Index nur ein boolesches Ergebnis benötigt, eignet sich match:

```
1  var str = "Besuche unsere Web-Kurse";
2  var res = str.match(/Web/);
3  if (res) {
4    console.log("Treffer");
5  } else {
6    console.log("Kein Treffer");
7  }
```

Der Ausdruck ist erfüllt und es wird *Treffer* ausgegeben. Analog funktioniert replace:

```
1   var str = "Besuche unsere Web-Kurse";
2   var res = str.replace(/Web/i, ".NET");
3   console.log(res);
```

Die Variable *res* enthält den Wert *Besuche unsere .NET-Kurse.*

4. Musterausdrücke

Viele Aufgaben wiederholen sich immer wieder. Dieses Kapitel zeigt deshalb eine Reihe häufig benötigter Suchmuster.

4.1 Web und Netz

In diesem Abschnitt finden Sie einige Musterausdrücke für typische Aufgaben beim Programmieren von Web-Anwendungen.

HTML-Tags

So wird nach einem bestimmten Tag gesucht:

```
/<TAG\b[^>]*>(.*?)<\/TAG>/i
```

So wird nach jedem beliebigen Tag gesucht:

```
/<([A-Z][A-Z0-9]*)\b[^>]*>(.*?)<\/\1>/i
```

Genutzt wird hier die Referenz \1 auf den ersten Treffer, um das passende schließende Tag zu finden, egal wie es heißt.

```
1  var patt =  /<([A-Z][A-Z0-9]*)\b[^>]*>(.*?)<\/\1>/i;
2  var html = "Wir wollen <b>fett</b> und <i>kursiv</i> schrei\
3  ben";
4  console.log(patt.exec(html));
```

```
>
[ '<b>fett</b>',
  'b',
  'fett',
  index: 11,
  input: 'Wir wollen <b>fett</b> und <i>kursiv</i>
schreiben' ]
>
```

Abbildung: Ausgabe des Skripts

Die Ausgabe zeigt nur den ersten Treffer an, ein erneuter
Aufruf zeigt weitere Tags.

IP-Adressen

Mit einer IP-Adresse sind Regex-Maschinen schnell an ihren
Grenzen angelangt. Suchmuster eignen sich nicht unbedingt für
Zahlenbereiche. Zuerst ein naives Beispiel:

```
\b\d{1,3}\.\d{1,3}\.\d{1,3}\.\d{1,3}\b
```

Das funktioniert, allerdings auch für 999.999.999.999 – was
sicher keine valide IP ist. Aber wir kann man den Wertebereich
auf 0-255 beschränken? Da alle vier Teile identisch sind, reicht
es aus, einen Teil zu definieren. Der Bereich wird dann einfach
wiederholt. Der Trick besteht darin, jede Ziffer einzeln und dann
in Abhängigkeit von der Anzahl der Ziffern zu definieren. So
geht der Einer von 0-9, aber wenn der Hunderter > 250 ist nur
von 0-5. Beim Zehner verhält es sich ähnlich, entweder 0-9 oder
ab 200 nur noch 0-5.

```
/\b(25[0-5]|2[0-4][0-9]|[01]?[0-9][0-9]?)\.
  (25[0-5]|2[0-4][0-9]|[01]?[0-9][0-9]?)\.
  (25[0-5]|2[0-4][0-9]|[01]?[0-9][0-9]?)\.
  (25[0-5]|2[0-4][0-9]|[01]?[0-9][0-9]?)\b/
```

Damit stehen auch alle Teile der IP in Ergebnisgruppen. Wird
dies nicht benötigt, kann der Ausdruck etwas verkürt werden:

```
/\b(?:(?:25[0-5]|2[0-4][0-9]|[01]?[0-9][0-9]?)\.){3}
  (?:25[0-5]|2[0-4][0-9]|[01]?[0-9][0-9]?)\b/
```

Das ist schon deutlich kompakter, aber sicher kein trivialer Ausdruck mehr.

Mac-Adressen

MAC-Adressen sind die Hardwareadressen diverser Netzwerkprodukte. Es handelt sich dabei um eine 48-Bit Zahl, die weltweit eindeutig ist. Angegeben wird eine MAC-Adresse in Form von 6 Hex-Zahlen getrennt durch Doppelpunkte, Bindestriche, Leerzeichen oder nichts, was etwa folgendermaßen aussieht: CB:35:2F:00:7C:A1.

```
/^[0-9A-F]{2}([-: ]?[0-9A-F]{2}){5}$/i
```

Nun ein Ausdruck, um die einzelnen Komponenten zu extrahieren. Getrennt wird durch Doppelpunkte, Bindestriche, Leerzeichen oder eben nichts:

```
/^([\dA-F]{2})[-: ]?
  ([\dA-F]{2})[-: ]?
  ([\dA-F]{2})[-: ]?
  ([\dA-F]{2})[-: ]?
  ([\dA-F]{2})[-: ]?
  ([\dA-F]{2})$/i
```

Ansprechbar sind die sechs Teile als Gruppen, was eine Schleife erfordert.

```
1   var patt = /^([\dA-F]{2})[-: ]?([\dA-F]{2})[-: ]?([\dA-F]{2\
2   })[-: ]?([\dA-F]{2})[-: ]?([\dA-F]{2})[-: ]?([\dA-F]{2})$/i\
3   ;
4   var mac = "CB:35:2F:00:7C:A1";
5   mac = patt.exec(mac)
6   for(i = 1; i < mac.length; i++) {
7       console.log(mac[i]);
8   }
```

Abbildung: Ausgabe des Skripts

URL

Der nächste Ausdruck findet heraus, ob eine übergebene Zeichenkette einen URL repräsentiert. Dabei sind die Protokolle http, https und ftp zugelassen. Groß-/Kleinschreibung ist dabei egal. Es werden Protokoll und der Teil hinter dem ":://" eingefangen. Der Ausdruck ist recht großzügig bemessen. Von Fall zu Fall sollte man ihn also noch insofern verfeinern, dass er neben einem Host auch mindestens einen Pfad haben oder auf "/" enden muss. Ebenfalls unbeachtet ist die Tatsache, dass HTTP und FTP auch einen Benutzernamen und Kennwort enthalten können (*https://joergs:password @ joergkrause.de/regex/*).

/^([Hh][Tt][Tt][Pp][Ss]?|[Ff][Tt][Pp]):\/\/(.+)$/

Es geht freilich aufwändiger:

```
 1   var patt = /^((([hH][tT][tT][pP][sS]?|[fF][tT][pP])\:\/\/)?\
 2   ([\w\.\-]+(\:[\w\.\&%\$\-]+)*@)?((([^\s\(\)\<\>\\\"\.\[\]\,\
 3   @;:]+)(\.[^\s\(\)\<\>\\\"\.\[\]\,@;:]+)*(\.[a-zA-Z]{2,4}))|\
 4   ((([01]?\d{1,2}|2[0-4]\d|25[0-5])\.){3}([01]?\d{1,2}|2[0-4]\
 5   \d|25[0-5])))(\b\:(6553[0-5]|655[0-2]\d|65[0-4]\d{2}|6[0-4]\
 6   \d{3}|[1-5]\d{4}|[1-9]\d{0,3}|0)\b)?((\/[^\/][\w\.\,\?\'\\\\
 7   /\+&%\$#\=~_\-@]*)*[^\.\,\?\"\'\(\)\[\]!;<>{}\s\x7F-\xFF])?\
 8   )$/;
 9   var url = "http://www.joergkrause.de:8080/index.php?id=0";
10   console.log(patt.test(url));
```

Die Prüfung umfasst Protokoll, Subdomain, Domain, IP-Adresse, Port, Pfad oder Dateiname. Ausführlich geschrieben wird die Funktion klarer:

```
 1   /^                                            // Start
 2    (                                            //
 3     (                                           //
 4      (                                          //
 5       [hH][tT][tT][pP][sS]?                     // http
 6       |                                         // oder
 7       [fF][tT][pP]                              // ftp
 8      )                                          //
 9      \:\/\/                                     // ://-Token
10     )?                                          //
11     (                                           //
12       [\w\.\-]+                                 // Domain
13       (\:[\w\.\&%\$\-]+)*@                      //
14     )?                                          //
15     (                                           //
16      (                                          //
17       ([^\s\(\)\<\>\\\"\.\[\]\,@;:]+)           // Domainbestand\
18   teile                                         //
19       (\.[^\s\(\)\<\>\\\"\.\[\]\,@;:]+)*        //
20       (\.[a-zA-Z]{2,4})                         // Top-Level-Dom\
```

```
21   ain
22      )
23      |
24      (
25       (
26        ([01]?\d{1,2}|2[0-4]\d|25[0-5])\.){3}  // IP-Adresse
27        ([01]?\d{1,2}|2[0-4]\d|25[0-5])         //
28       )
29      )
30      (\b\:                                    // Port-Nummer:
31        (6553[0-5]                             //   Oberer Berei\
32 ch
33        |                                      //
34        655[0-2]\d                             //   Zehntausender
35        |                                      //
36        65[0-4]\d{2}                           //   Tausender
37        |                                      //
38        6[0-4]\d{3}                            //   Hunderter
39        |                                      //
40        [1-5]\d{4}                             //   Zehner
41        |                                      //
42        [1-9]\d{0,3}|0)\b                      //   Einer
43      )?                                       //
44      (                                        //   Pfad/Datei
45       (\/[^\/][\w\.\,\?\'\\\/\+&%\$#\=~_\-@]*)*
46       [^\.\,\?\"\'\(\)\[\]!;<>{}\s\x7F-\xFF]
47      )?
48   )$/
```

QueryString

Der Teil hinter der URL, nach dem ?-Zeichen, wird QueryString genannt. Dieser Teil hat einen bestimmten Aufbau. Der folgende Ausdruck prüft ihn:

/([^?=&]+)(=([^&]*))?/g

Es wird allerdings ein wenige Unterstützung benötigt, alleine mit einem regulären Ausdruck wird die Auswertung unnötig erschwert:

```
1  var uri = 'http://joergkrause.de/index.php?cat=113&prod=260\
2  5&query=udemy';
3  var queryString = {};
4  uri.replace(
5      /([^?=&]+)(=([^&]*))?/g,
6      function($0, $1, $2, $3) { queryString[$1] = $3; }
7  );
8  for (var i in queryString){
9      if (!queryString[i]) continue;
10    console.log(i + " = " + queryString[i]);
11  }
```

Dabei wird davon ausgegangen, dass es sich um eine Kette von key=value-Pärchen handelt.

Abbildung: Ausgabe des Skripts

Portnummern

Portnummern gehen von 1 bis 65535. Hier kommt die Zahlen-prüfung zum Einsatz, die weiter unten noch genauer diskutiert wird.

```
^(4915[0-1]
 |491[0-4]\d
 |490\d\d
 |4[0-8]\d{3}
 |[1-3]\d{4}
 |[2-9]\d{3}
 |1[1-9]\d{2}
 |10[3-9]\d
 |102[4-9])$
```

In einem Skript sieht dies folgendermaßen aus:

```
1   var patt = /^(4915[0-1]
2                 |491[0-4]\d
3                 |490\d\d
4                 |4[0-8]\d{3}
5                 |[1-3]\d{4}
6                 |[2-9]\d{3}
7                 |1[1-9]\d{2}
8                 |10[3-9]\d
9                 |102[4-9])$/;
10  var port = 1384;
11  console.log(patt.test(port));
12  port = 75000;
13  console.log(patt.test(port));
```

Die Ausgabe zeigt einmal true (1384 ist gültig) und danach false (75000 ist nicht gültig).

4.2 Bearbeitung von Daten

Da die replace-Funktion auch reguläre Ausdrücke unterstützt, lassen sich auf der Basis von Ausdrücken auch Bearbeitungsvorgänge ausführen.

Leerzeichen entfernen

Leerzeichen sind sehr einfach zu entfernen. Suchen Sie nach ^[\t]+ und ersetzen Sie die Fundstelle mit nichts. Der Ausdruck [\t]+$ sucht Leerzeichen am Anfang. Beides zusammen lässt sich dann so darstellen: ^[\t]+|[\t]+$. Statt dem [\t]-Ausdruck, der auf Tabulator und Leerzeichen prüft, kann auch der Zeilenumbruch mit einbezogen werden: [\t\r\n]. Der letzte Ausdruck ist auch einfacher durch \s darstellbar.

```
1  var patt = /[ \t]+/g;
2  var text = "Hier•gibt•es•viele••••Leerstellen\tTabs•auch";
3  text = text.replace(patt, "");
4  console.log(text);
```

Abbildung: Ausgabe des Skripts

Simulation eines variablen Abstands

Variable Abstände sind trickreich aber nicht sehr aufwändig. Stellen Sie sich vor, Sie suchen zwei Wörte nahe beieinander, wobei der Abstand variieren kann. Das Muster benötigt also einen Teil für das erste Wort, dann für das zweite und dann für den Platz dazwischen. Für das nicht spezifizierte Wort eignet sich das Wortgrenzen-Metazeichen \w+. Leerzeichengrenzen werden dagegen mit \W+ gefunden. \b steht für eine Wortgrenze ohne Inanspruchname eines Zeichens.

Der Ausdruck sieht nun folgendermaßen aus:

```
\bword1\W+(?:\w+\W+){1,6}?word2\b
```

Der Quantifzierer {1,6}? stellt die Toleranz des Abstands auf ein bis sechs Wörter ein.

Falls auch eine umgedrehte Reihenfolge gefunden werden soll kann der Ausdruck natürlich zweimal geschrieben werden. Noch besser ist aber diese Variante:

```
\b(?:word1\W+(?:\w+\W+){1,6}?word2|word2\W+(?:\w+\W+){1,6}?word1)\b
```

Für Wortpaare geht es etwas einfacher:

```
\b(word1|word2|word3)(?:\W+\w+){1,6}?\W+(word1|word2|word3)\b
```

Sind nun "word1" und "word2" identisch, kann auch eine Referenz benutzt werden:

```
1  var patt = /\b(hier)\W+(?:\w+\W+){1,6}?\1\b/;
2  var text = "hier und da gibt's das Wort hier und da";
3  console.log(patt.test(text));
```

Der Ausdruck ergibt true. Wird der Abstand auf {1,3} gestellt, ist das Ergebnis dagegen false.

Dateierweiterungen

Mit dem folgenden Ausdruck prüfen Sie auf bestimmte Dateierweiterungen:

```
/^.*(([^\.][\.][wW][mM][aA])|([^\.][\.][mM][pP][3]))$/
```

Hier ist *.wma und *.mp3 erkennbar. Dies kann beispielsweise beim Hochladen von Dateien benutzt werden.

Nicht druckbare Zeichen

Folgendermaßen werden nichtdruckbare Zeichen erkannt:

```
/[\x00-\x1F\x7F]/
```

Hexziffern für Farben

Hexziffern für Farben werden in CSS und HTML benutzt (#FFFFFF, oder #333):

```
/^#(\d{6})|^#([A-F]{6})|^#([A-F]|[0-9]){6}/
```

4.3 Formularvalidierung

Formulare enthalten immer wieder typische Felder wie URL, E-Mail, Datum oder Telefonnummern. Egal ob im Zusammenhang mit einem Validierungsframework oder direkt, reguläre Ausdrücke verfeinern die oft groben Tests.

E-Mail

Das Prüfen einer E-Mail-Adresse ist eine häufige Aufgabe. Es gibt auch endlose Variationen dieses Musters. Ein einfaches, das durch viele Foren und Seiten des Internets geistert, ist folgendes:

```
\b[A-Z0-9._%+-]+@[A-Z0-9.-]+\.[A-Z]{2,4}\b
```

Für gültige E-Mail-Adressen funktioniert das sehr gut. Es gibt aber Adressen, die sind gültig und die werden nicht erkannt. Ebenso gibt es ungültige, die als zulässig erkannt werden. Nun lässt sich dieses Muster sicher verbessern. Es gibt hier allerdings zwei Dinge zu beachten. Zum einen müssen Sie Ihre Anforderungen exakt kennen. Kennen Sie die genaue Definition des Aufbaus einer E-Mail-Adresse? Zum anderen kann das Suchmuster äußerst komplex werden. Oft muss ein Kompromiss gefunden werden zwischen Aufwand und Nutzen. Reichen eventuell Muster, die 99,9% der Adressen erkennen?

Die Besonderheit dieses Musters ist die Nutzung von Wortgrenzen, \b. Damit besteht die Möglichkeit, das Muster zum

Extrahieren von E-Mail-Adresses aus Texten zu nutzen. Ist das nicht notwendig, entfernen Sie diese Metazeichen.

 ## Funktionen benutzen

Das Entfernen von Leerzeichen am Anfang und Ende erledigen Sie besser mit der `trim()`-Funktion. Das geht schneller und einfacher. Soll Groß- und Kleinschreibung nicht beachtet werden, ist die Option `//i` besser als die Erweiterung der Zeichenklassen `[A-Za-z]`.

Kritisch bei E-Mail sind die neuen Toplevel-Domains, wie z.B. ".museum", oder ".berlin". Hier könnte man den Bereich der Zeichen am Ende natürlich erweitern, statt `{2,4}` auf `{2,6}`. Nachteil ist, das damit noch mehr völlig sinnlose Wörter zugelassen werden. Die Adresse "joerg@krause.foobar" wäre hier zulässig. Nun ist "foobar" aber keine gültige Toplevel-Domain, was den Ausdruck nicht falsch, aber zumindest schwach macht.

Für die früher üblichen kurzen Toplevel-Domains könnte man das leicht lösen, in dem die Namen explizit angegeben werden:

```
^[A-Z0-9._%+-]+@[A-Z0-9.-]+\. ' '
(?:[A-Z]{2}|com|org|net|edu|gov|mil)$
```

Die Länder-Domains sind dann über `[A-Z]{1,2}`, was akzeptabel ist, solange man sich nicht an "xx" oder "yy" stört. Ansonsten sind ja fast alle Kombinationen belegt. Erweitern kann man die Kette natürlich um ein paar mehr:

```
1    `^[A-Z0-9._%+-]+@[A-Z0-9.-]+
2    \.(?:[A-Z]{2}|com|org|net|edu|gov|mil|biz
3         |info|mobi|name|aero|asia|jobs|museum)$`
```

E-Mail-Adressen können auch Subdomains enthalten, z.B. *joerg@server.firma.provider.com*. Die vorhergehend gezeigten Ausdrücke akzeptieren dies, weil Punkte erlaubt sind. Leider funktioniert damit auch "joerg@firma....de". Um das zu lösen wird der Punkt aus der Zeichenklasse entfernt und den Gruppen hintenangestellt.

```
\b[A-Z0-9._%+-]+@(?:[A-Z0-9-]+\.)+[A-Z]{2,4}\b
```

Bei Arbeiten mit solchen Ausdrücken ist immer ein Blick in die entsprechenden Standards sinnvoll. Bei E-Mail handelt es sich um die RFC 5322. Aus diesem Dokument stammt die folgende "Syntaxbeschreibung" einer E-Mail-Adresse:

```
1    (?:[a-z0-9!#$%&'*+/=?^_`{|}~-]+
2    (?:\.[a-z0-9!#$%&'*+/=?^_`{|}~-]+)*
3     |"(?:[\x01-\x08\x0b\x0c\x0e-\x1f\x21\x23-\x5b\x5d-\x7f]
4       |\\[\x01-\x09\x0b\x0c\x0e-\x7f])*")
5    @(?:(?:[a-z0-9](?:[a-z0-9-]*[a-z0-9])?\.)+[a-z0-9]
6       (?:[a-z0-9-]*[a-z0-9])?
7     |\[(?:(?:25[0-5]|2[0-4][0-9]|[01]?[0-9][0-9]?)\.){3}
8        (?:25[0-5]|2[0-4][0-9]|[01]?[0-9][0-9]?
9        |[a-z0-9-]*[a-z0-9]:
10        (?:[\x01-\x08\x0b\x0c\x0e-\x1f\x21-\x5a\x53-\x7f]
11        |\\[\x01-\x09\x0b\x0c\x0e-\x7f])+)
12     \])
```

Das @-Zeichen trennt wieder auffällig den Namen vom Domain-Teil. Auffällig ist auf den ersten Blick, dass eine IP-Adresse [10.215.34.121] für den hinteren Teil akzeptiert wird. Das ist zwar technisch möglich, kommt aber in der Praxis extrem selten vor (in 20 Jahren Arbeit mit dem Internet habe ich das nie in freier Wildbahn gesehen). Auch beim Namen gibt es eine Besonderheit: Sonderzeichen wie " oder \ sind zulässig, wenn sie mit einem Backslash markiert werden. Auch dies ist äußerst unüblich, weil es in der Praxis sehr fehleranfällig ist.

Trotz der vergleichsweisen Komplexität ist der Ausdruck schwach, denn die zuvor bereits gezeigten Beschränkungen auf bestimmte Toplevel-Domains werden nicht erkannt. Reduziert auf eine Version ohne IP und ohne Klammern kann man den Ausdruck so lesen:

```
1  [a-z0-9!#$%&'*+/=?^_`{|}~-]+(?:\.[a-z0-9!#$%&'*+/=?^_`{|}~-\
2  ]+)*
3  @
4  (?:[a-z0-9](?:[a-z0-9-]*[a-z0-9])?\.)+[a-z0-9](?:[a-z0-9-]*\
5  [a-z0-9])?
```

Dies lässt sich nun mit dem ersten Teil ergänzen:

```
1  [a-z0-9!#$%&'*+/=?^_`{|}~-]+(?:\.[a-z0-9!#$%&'*+/=?^_`{|}~-\
2  ]+)*
3  @
4  (?:[a-z0-9](?:[a-z0-9-]*[a-z0-9])?\.)+
5    (?:[A-Z]{2}|com|org|net|edu|gov|mil
6           |biz|info|mobi|name|aero
7           |asia|jobs|museum|berlin)\b
```

Neue Toplevel beachten!

Beachten Sie hier, dass viele neue Toplevel-Domains hier noch fehlen.

Datumsangaben

Zuerst wieder ein naiver Ausdruck für amerikanische Datumsformate:

```
^(19|20)\d\d[- /.](0[1-9]|1[012])[- /.](0[1-9]|[12][0-9]|3[01])$
```

Bei dieser Variante sind mehrere Trennzeichen zulässig (2015-07-13 oder 2015/07/13). In dieser Version ist leider auch ein Mix der Zeichen möglich (2015/07-13). Referenzen können dieses Problem lösen:

```
^(19|20)\d\d([- /.])(0[1-9]|1[012])\2(0[1-9]|[12][0-9]|3[01])$
```

Die deutsche Variante hat nur eine andere Anordnung:

```
(0[1-9]|[12][0-9]|3[01])[.](0[1-9]|1[012])[.](19|20)\d\d
```

Das Jahre ist auf 1900 bis 2099 begrenzt. Monate sind 01 bis 09 oder 10, 11, 12. Tage sind ähnlich vom führenden Zehner abhängig und gehen von 01 bis 31. Das Treenzeichenproblem wird umgangen, indem nur ein einzige Zeichen "." zulässig ist.

Leider erlaubt dieser Ausdruck auf den 31.02.2016. Es ist absehbar, dass es diesen nicht gibt. Ebenso verhält es sich mit allen anderen Monaten, die mal 30 und mal 31 Tage haben. Noch komplexer wird es bei Schaltjahren. In einer Programmiersprache ist dies einfach: Prüfe, ob ein Jahr durch 4 aber nicht durch 100 teilbar ist, dann ist es ein Schaltjahr.

Reguläre Ausdrücke eignene sich also nur, um ein Format zu prüfen, nicht eine Logik. Ein paar Zeilen JavaScript können hier viele mehr als superkomplexe Ausdrücke.

```
 1    function check_form(date)
 2    {
 3       var pattern = /(0[1-9]|[12][0-9]|3[01])[.](0[1-9]|1[012]\
 4    )[.](19|20)\d\d/;
 5       if(date.match(pattern))
 6       {
 7          var date_array = date.split('.');
 8          var day = date_array[0];
 9          // Monate sind intern 0-11
10          var month = date_array[1] - 1;
11          var year = date_array[2];
12          // Prüfung an JavaScript übergeben
13          source = new Date(year,month,day);
14          if(year != source.getFullYear())
15          {
16             console.log('Jahr falsch!');
17             return false;
18          }
19
20          if(month != source.getMonth())
21          {
22             console.log('Monat falsch!');
23             return false;
24          }
25
26          if(day != source.getDate())
27          {
28             console.log('Tag falsch!');
29             return false;
30          }
31       }
32       else
33       {
34          alert('Muster falsch!');
35          return false;
```

```
36        }
37
38        return true;
39    }
```

Beim Umgang mit Formaten, die logische Abhängigkeiten haben, sind reguläre Ausdrücke lediglich für das Grobe zuständig.

Hier noch eine Version, diesmal mit Monatsnamen (deutsch) und korrekter Anzahl der Tage:

```
1    ^(d{0}|
2        (31(?!(FEB|APR|JUN|SEP|NOV)))
3        |((30|29)(?!FEB))
4        |(29(?=FEB(((1[6-9]|[2-9]\d)(0[48]|[2468][048]|[13579]\
5    [26])
6                |((16|[2468][048]|[3579][26])00)))))
7        |(29(?=FEB(((0[48]|[2468][048]|[13579][26])
8                |((16|[2468][048]|[3579][26])00)))))
9        |(0?[1-9])|1\d|2[0-8])
10        (JAN|FEB|MAR|MAI|APR|JUL|JUN|AUG|OKT|SEP|NOV|DEZ)
11    ((1[6-9]|[2-9]\d)\d{2}|\d{2}|d{0})$
```

Das Beispiel nutzt elegant Rückwärtsreferenzen. Zwischen Tag und Monat ist *kein* Zeichen, es werden also Texte der Art "23MAR2017" erkannt.

Funktionen benutzen

Es ist manchmal einfacher, statische Teile erst aus der Testzeichenkette zu entfernen und dann reguläre Ausdrücke zu nutzen, als viele aufeinanderaufbauende Konstrukte wiederholt mit statischen Zeichen zu erweitern. Komplizierte Ausdrücke sind nicht nur schwer zu lesen, sondern auch langsam. Die Zeichenkettenfunktionen sind um ein vielfaches schneller.

Starke Kennwörter

Folgender Ausdruck verlangt von einem Kennwort eine Mindest-
länge und das Vorhandensein von:

- 1 kleiner Buchstabe
- 1 großer Buchstabe
- 1 Ziffer
- 1 Sonderzeichen
- Mindestens 6 und maximal 50 Zeichen lang

```
/((?=.*\d)(?=.*[a-z])(?=.*[A-Z])(?=.*[\W_]).{6,50})/i
```

ISBN

Dieser Ausdruck prüft eine ISBN mit und ohne dem Text "ISBN"
davor. Hier ein Ausdruck zum Erkennen von ISB-Nummern der
Art ISBN 9-783738-62519-6 oder nur 9-783738-62519-6. Auf die
korrekte Berechnung der Kontrollziffer konnte keine Rücksicht
genommen werden, da die regulären Ausdrücke dies nicht her-
geben. Für die Prüfziffer bietet JavaScript bessere Mittel.

```
/^(ISBN )?\d-\d{3,6}-\d{3,6}-\d$/
```

Währungen

Normalerweise werden hier die Zahlmuster benutzt. Lediglich
bei $-Zeichen müssen Sie aufpassen, weil dies in regulären
Ausdrücken eine Sonderfunktion hat. Und so geht es:

```
^\$[+-]?([0-9]+|[0-9]{1,3}(,[0-9]{3})*)(\.[0-9]{1,2})?$
```

Zahlenbereiche

Zahlenbereiche sind immer eine Herausforderung, denn aus Sicht der Zeichen muss stellenweise gearbeitet werden. Bei den IP-Adressen wurde das bereits benutzt. Soll nun der Bereich 1 bis 248 geprüft werden, geht folgendes leider nicht: [1-248]. Stattdessen muss eine Kette aufgebaut werden.

Alle Ziffern lassen sich durch die Klasse [0-9] oder das Metazeichen \d darstellen. Die Zahlen 1-99 werden folgendermaßen erreicht:

`1[1-9][0-9]`

1 bis 199 ist auch einfach: `1[0-9][0-9]` oder auch `1\d{2}`. Bleibt der Teil von 200 bis 248. Der 40er-Bereich ist wieder ein Sonderfall, 201 bis 239 lässt sich direkt abbilden:

`2[0-3][0-9]`

Der letzte Teil ist dann der Sonderfall 240 bis 248: `24[0-8]`

Nun kann man die einfach als Alternative zusammen schreiben (ohne führende Nullen, 007 wäre hier nicht erlaubt):

`1[1-9][0-9]|2[0-3][0-9]|24[0-8]`

Hier einige typische Bereiche, die oft benötigt werden (mit führenden Nullen):

- 000..255: `^([01][0-9][0-9]|2[0-4][0-9]|25[0-5])$`
- 0 or 000..255: `^([01]?[0-9]?[0-9]|2[0-4][0-9]|25[0-5])$`
- 0 or 000..127: `^(0?[0-9]?[0-9]|1[01][0-9]|12[0-7])$`
- 0..999: `^([0-9]|[1-9][0-9]|[1-9][0-9][0-9])$`
- 000..999: `^[0-9]{3}$`
- 0 or 000..999: `^[0-9]{1,3}$`
- 1..999: `^([1-9]|[1-9][0-9]|[1-9][0-9][0-9])$`
- 001..999: `^(00[1-9]|0[1-9][0-9]|[1-9][0-9][0-9])$`

- 1 or 001..999: `^(0{0,2}[1-9]|0?[1-9][0-9]|[1-9][0-9][0-9])$`
- 0 or 00..59: `^[0-5]?[0-9]$`
- 0 or 000..366: `^(0?[0-9]?[0-9]|[1-2][0-9][0-9]|3[0-5][0-9]|36[0-6])$`

Gleitkommazahlen

Gleitkommazahlen sind ebenso sperrig wie ganze Zahlen. Im Wesentlichen kommen die Trennzeichen für Tausender ("." im Deutschen) und das Dezimaltrennzeichen ("," im Deutschen) hinzu. Zuerst wieder eine einfache Version:

`[-+]?[0-9]*[,]?[0-9]+`

Durch das * sind alle Teile vor dem Komma optional. Allerdings geht auch "-,6", was zumindest komisch aussieht. Besser ist noch diese Variante:

`'[-+]?([0-9]*[,][0-9]+|[0-9]+)`

Hier noch eine Version für Potenzschreibweisen:

`^(-?[1-9](,\d+)?)((\s?[X*]\s?10[E^]([+-]?\d+))|(E([+-]?\d+)))$`

Dies passt auch auf 1,7e5 oder 22e^10.

Deutsche Zahlen mit Tausendertrenner

Der folgende Ausdruck prüft ganze Zahlen und Gleitkommazahlen mit Tausendertrennzeichen. Erkannt wird nur die deutsche Schreibweise:

`(?:^(?:-)?(?:\d{1,3}\.(?:\d{3}\.)*\d{3})(?:\,\d+)?$|^(?:-)?\d*(?:\,\d+)?$)`

Kreditkartennummern

Bei Kreditkarten sind reguläre Ausdrücke eine ganz brauchbare Hilfe. Die Kartengesellschaften haben sich auf ein sehr gut definiertes Muster geeinigt und so kann man an der Nummer erkennen, zu welcher Gesellschaft die Karte gehört:

- **Visa:** `^4[0-9]{12}(?:[0-9]{3})?$` Alle Visa-Karten starten mit "4" und haben 16 Ziffern.
- **MasterCard:** `^5[1-5][0-9]{14}$` Alle MasterCard-Nummern beginnen mit "51" bis "55". Auch diese haben 16 Ziffern.
- **American Express:** `^3[47][0-9]{13}$` American Express beginnt mit "34" oder "37" (Gold) und hat 15 Ziffern.
- **Diners Club:** `^3(?:0[0-5]|[68][0-9])[0-9]{11}$` Diners Club beginnt mit "300" bis "305", "36" oder "38". Alle Karten habeb 14 Ziffern.

Und hier der passende Ausdruck:

```
1   ^(?:4[0-9]{12}(?:[0-9]{3})?          # Visa
2    |  5[1-5][0-9]{14}                   # MasterCard
3    |  3[47][0-9]{13}                    # American Express
4    |  3(?:0[0-5]|[68][0-9])[0-9]{11}    # Diners Club
5   )$
```

Die Kartennummer enthält außerdem eine Prüfziffer, die nach dem Luhn-Algorithmus berechnet werden kann. Dies geht nicht mit einem regulären Ausdruck. Ein wenig JavaScript ist die bessere Lösung:

```
1   function valid_credit_card(value) {
2       // hier ggf. vorherigen Ausdruck einsetzen
3       if (/[^0-9-\s]+/.test(value)) return false;
4
5           // Der Luhn-Algorithmus
6           var nCheck = 0, nDigit = 0, bEven = false;
7           value = value.replace(/\D/g, "");
8
9           for (var n = value.length - 1; n >= 0; n--) {
10                  var cDigit = value.charAt(n),
11                      nDigit = parseInt(cDigit, 10);
12
13                  if (bEven) {
14                      if ((nDigit *= 2) > 9) nDigit -= 9;
15                  }
16
17                  nCheck += nDigit;
18                  bEven = !bEven;
19          }
20
21          return (nCheck % 10) == 0;
22  }
23
24  console.log(valid_credit_card('4012888888881881'));
```

Bauen Sie statt der Kurzversion \d+ den oben bereits gezeigten Ausdruck ein. Beachten Sie außerdem, dass in allen Fällen nur die reinen Ziffernfolgen geprüft werden, ohne die zur Erhöhung der Lesbarkeit üblichen Leerstellen oder Trennzeichen.

 Testdaten beachten

Wenn Sie solche Algorithmen testen, sollten Sie nicht auf die Idee kommen, in ihrem Testskript echte Kartennummern zu nutzen. Die Kartengesellschaften stellen Testnummern bereit.

Tabelle: Testnummern für Kreditkarten

Credit Card Type	Credit Card Number
American Express	378282246310005
American Express	371449635398431
AmEx Corporate	378734493671000
Diners Club	30569309025904
Diners Club	38520000023237
MasterCard	5555555555554444
MasterCard	5105105105105100
Visa	4111111111111111
Visa	4012888888881881
Visa	4222222222222

Geokoordinaten

Auch hier soll zuerst mit einer sehr primitiven Version begonnen werden:

```
^[0-9]+[NnSs] [0-9]+[WwEe]$
```

Allerdings sind Koordinaten oft mit Dezimalstellen oder der Minuten/Sekunden-Schreibweise zu finden. Besser ist folgender Test:

```
1   var ck_lat = /^(-?[1-8]?\d(?:\.\d{1,18})?
2              |90(?:\.0{1,18})?)[EW]?$/i;
3   var ck_lon = /^(-?(?:1[0-7]|[1-9])?\d(?:\.\d{1,18})?
4              |180(?:\.0{1,18})?)[NS]?$/i;
5
6   function check_lat_lon(lat, lon){
7     var validLat = ck_lat.test(lat);
8     var validLon = ck_lon.test(lon);
9     return (validLat && validLon);
10  }
```

```
11
12   console.log(check_lat_lon("13E", "52N"));
```

Das Skript nutzt den Operator "i" statt der direkten Zeichen-definition.

Guid / UUID

Guid sind "global unique identifier", ein 2^{128} mächtige Zahl, die in 32 Hexziffern geschrieben wird. Typische Muster sind folgende:

- [{hhhhhhhh-hhhh-hhhh-hhhh-hhhhhhhhhhhh}]
- [hhhhhhhh-hhhh-hhhh-hhhh-hhhhhhhhhhhh]
- [hhhhhhhhhhhhhhhhhhhhhhhhhhhhhhhh]
- [0xhhhhhhhhhhhhhhhhhhhhhhhhhhhhhhhh]

Dabei steht 'h' für eine Hex-Ziffer (0-F).
Folgender Ausdruck eignet sich zum Prüfen:

```
1    /^((?-i:0x)?[A-F0-9]{32}|
2            [A-F0-9]{8}-
3            [A-F0-9]{4}
4            [A-F0-9]{4}-
5            [A-F0-9]{4}-
6            [A-F0-9]{12}|
7          \{[A-F0-9]{8}-
8            [A-F0-9]{4}-
9            [A-F0-9]{4}-
10           [A-F0-9]{4}-
11           [A-F0-9]{12}\})$/i
```

Achten Sie auf die *i*-Option am Ende, Hexziffern werden sowahl "a" als auch "A" geschrieben.

Prozentzahlen

Ein eher einfaches Muster wird hier benötigt:

```
(?!^0*$)(?!^0*\.0*$)^\d{1,2}(\.\d{1,4})?$
```

Beachten Sie, dass hier Dezimalpunkte (englisch) benutzt werden. Ergänzen Sie dies folgendermaßen für deutsche Zahlen:

```
(?!^0*$)(?!^0*,0*$)^\d{1,2}(,\d{1,4})?$
```

Anhang

Hier finden Sie die Metazeichen und Symbole auf einen Blick.

Tabelle: Zeichen

Abkürzung	Beschreibung
.	Ein beliebiges Zeichen
[]	Ein Zeichen aus einem Zeichenvorrat
[^]	Ein Zeichen, das nicht aus dem Zeichenvorrat stammt
.	Der Punkt
\	Maskierung von Sonderzeichen
\\	Der Backslash

Tabelle: Gruppen

Abkürzung	Beschreibung
()	Zählende Gruppe
(?:)	Nicht zählende Gruppen
(?=)	Vorausschauende Überstimmung. Passt, wenn nächstes Zeichen passt
(?!)	Vorausschauende Überstimmung. Passt, wenn nächstes Zeichen nicht passt

Tabelle: Operatoren

Operator	Bedeutung	Beschreibung
?	0 − 1	Kein oder ein Zeichen
*	0 − ∞	Kein oder beliebig viele Zeichen
+	1 − ∞	Mindestens ein oder beliebig viele Zeichen
{zahl}	Zahl	Genau "Zahl" Zeichen
{min,}	Min − ∞	Mindestens "Min" Zeichen
{,max}	0 − Max	Kein oder maximal "Max" Zeichen
{min, max}	Min − Max	Minimal "Min" bis maximal "Max" Zeichen
^		Start; bei der Option "m" der Anfang der Zeile
$		Ende; bei der Option "m" das Ende der Zeile
|		Logisches Oder

Tabelle: Abkürzungen

Abkürzung	Beschreibung
\t	Tabulatorzeichen
\n	Newline (Neue Zeile)
\r	Return (Wagenrücklauf)
\f	Formfeed (Seitenvorschub)
\v	Vertikaler Tabulator
\s	White-Space (eines der im Druck nicht sichtbaren Zeichen, also \t, Leerzeichen, \n, \r, \f)
S	Negation von \s
\w	Wortzeichen (Zeichen, aus denen Wörter bestehen, konkret [_a-zA-Z0-9]
W	Die Negation von \w
\d	Ziffer (engl. digit), entspricht [0-9]
D	Negation von \d
\b	Wortgrenze, als Anfang oder Ende eines Wortes

Tabelle: Abkürzungen

Abkürzung	Beschreibung
	zählen alle Zeichen, die nicht zur Abkürzung \w gehören.
B	Negation der Anweisung \b
\0	Null-Zeichen (physische 0)
\xxx	Zeichenwert, dargestellt durch eine oktale Zahl
\xdd	Zeichenwert in der hexadezimalen Form
\uxxxx	Unicode-Zeichen in hexadezimaler Schreibweise
\cxxx	Steuerzeichen, ASCII-Wert

Tabelle: JavaScript-Funktionen

Name	Beschreibung
exec	RegExp-Methode, untersucht und gibt Array zurück
test	RegExp-Methode, untersucht und gibt Boolean zurück
match	String-Methode, Array oder null
search	String-Methode, Index des Treffers oder -1
replace	String-Methode, ersetzte Zeichenkette oder unverändert
split	String-Methode, Array
//o	Literal des RegExp-Objekts (o=Option, siehe nächste Tabelle)

Tabelle: Literal-Optionen

Abkürzung	Beschreibung
g	Global, auch nach Treffer weiter suchen
m	Mehrzeilig, behandelt Zeilenumbrüche als reguläre Zeichen
i	Groß- und Kleinschreibung nicht berücksichtigen